Nytåret

^ Forfatterportræt.

Maja Maria Rakel Dahl

Nytåret

Alt det ophavsmæssige:
Nytåret
© 2020 Maja Maria Rakel Dahl
Forlag: Books on Demand,
København, Danmark
Tryk: Books on Demand,
Norderstedt, Tyskland
1. udgave
Grafiker/illustrator:
Maja Maria Rakel Dahl
Portrætfotograf:
Thomas Sørensen/Peberman
Makeupartist: Sus Marxen
ISBN: 9788743027720

Af samme forfatter:
Sjælestorm, 2017,
samt diverse Facebookopslag

Indholdsfortegnelse:

Forord:

Når jeg vurderer, om jeg vil en
bog, kigger jeg kort på forsiden,
inden jeg vender den om, skimmer
bagsideteksten og vender den om
igen, for at bekræfte det
indtryk, jeg har.
Jeg tænker, jeg ikke er den
eneste, så hvorfor gøre det
besværligt og sætte
bagsideteksten til sidst?

Jeg ønsker at give dig en
autentisk oplevelse, eller i det
mindste antyde, at den fil, du
sidder med i dette nu, faktisk er
en skrivelse, der netop har
forladt, eller i skrivende stund
bliver nedfældet af en neurotisk,
afkræftet forfatter, siddende ved
vinduet, i det sælsomme lys af en
enkelt bordlampe, eller en
søskendeflok på tre vokslys på et
fad af syntetisk metal, der
farver væggen marineblå eller en
ny nuance af bordeaux, og i
sparring med sig selv, som besat,
nedfælder hvert et ord, der
skriger om at ramme tasterne.

Ordforklaring:

Jeg kalder **Nytåret** en konceptsamling, fordi jeg havde værket, inden jeg havde konceptet, og jeg byggede konceptet op omkring værket.

Nytåret er grammatisk fejlagtigt, og det giver mening henad bogen.

Mine tvangstanker har næsten ikke været udsat for korrekturlæsning, foruden det skjulte kapitel.

Hvor grammatiske forbedringer på anden vis ville hæmme forståelsen, eller fordi jeg kan, har jeg sat tilføjelser i *kursiv,* kantet parentes.

Kolofon (*Alt det ophavsmæssige*), Indholdsfortegnelse, Forord, Ordforklaring og Bagord er ikke en del af mine originale tvangstanker.

31.12.2017:

*[Tvangstankerne satte ind cirka
klokken 21].*

*Nytåret er i sandhed
en af de aftener,
hvor det er muligt
at få en prøvesmag på,
hvordan det er at være i krig*

Dette er konsekvensen for at have
en person i selskabet.

Filosofi
er anskuelse af fiskefileter
i anden potens

Kom nu, det er så fedt!
Jeg er lammet
af improviseret Cuba Libre,
Morgan med Pepsi Twist,
Jeg kan ikke føle smerte,
eller det kan jeg,
men min smerte er lammet
af improviseret Cuba Libre
Jeg er liderlighed, beruset
og ret fuld
Jeg føler kærlighed
til alt og ingen,
mens jeg sidder på toilet,
i sofaen,
mens jeg *netflixer*
Det er et ord nu.
David Chapelle i baggrunden
Jeg drømmer om fingre i skeden,
mig, tilpas fuld,
til jeg ikke gider
tænke på hæmninger,
eller rettere sagt mig,
der ønsker
at lamme min bevidsthed,
eller bare tilpas fuld,
lammet,
til min bevidsthed er et sagn
Jeg er fuld
Fuld af improviseret Cuba Libre.
Improviseret Cuba Libre
Eller bare rom og cola
Captain Morgan med Coca Cola,
halvt fordærvet fra køleskabet,
den evige kilde til kolde
skuldre

Jeg glemmer alt
med et sekunds mellemrum
Men jeg er stadig ved fuld
bevidsthed
Mit bedst minde fra dagen,
var jeg da vågnede
Jeg har drømt,
da jeg vågnede
med følelsen af tilfredshed,
over at nytåret
var overstået ikke
Det var det ikke
Det var bare en drøm
Nu sidder jeg på lokum,
forført
af improviseret Cuba Libre,
Pepsi Twist med Morgan,
hvis man tænker
på sammensætningen,
mens jeg halvt fortænker mig
i min svaghed igen,
at jeg igen startede på flasken
Med det, mener jeg,
jeg igen begyndte at drikke
Eller bare rom og Coca Cola
Mens jeg tænker på,
alt det, jeg ikke har opnået,
samtidig med jeg
ikke har opnået noget
Lammet af alkohol, ethanol,
liderlig, fantaserende om flere
Alt og intet
Improviseret Cuba Libre,
liderlig af
Morgan med Pepsi Twist,
Pepsi Twist med Captain Morgan
Eller bare Rom og Cola

Slipper jeg endelig hæmningerne,
betyder det gerne,
jeg er højlydt

Jeg er så fuld,
jeg ikke kan mærke,
mine ben sover,
før jeg har hentet
en pakke smøger
og tændt en smøg
stående,
ude på badeværelset

Jeg beundrer mig selv,
for at kunne forme sammenhængende
sætninger
og yde autokorrektur
i stående sammenhæng

Når jeg ønsker
at ønske en hadet person godt

Når jeg glemmer alle vers
på en gang,
i fuldskab

Ved poesi i er det ikke undt,
jeg husker moralen.
I fuldskab

Når jeg i fuldskab tænker på
at erklære min kærlighed,
og begær,
for den, jeg hader mest

Jeg hader komma uanset promille

Brug dette,
inden den første i året
eller meningen er glemt

Vers er vers,
jeg erindrer
inden fornuftighedens grænse
Vers er vers,
jeg husker at få nedfældet
Vers er et tidsrum
Vers er moralen, jeg kun husker
i øjeblikket,
håbets mening i promillen

Fuldskab er meningen, jeg husker

Undskyld mig, jeg havde gang i en
natlig frådern

Hvem tænker på dig i højtiderne,
er menneskene,
du ønsker at huske på

Hvis jeg vinder,
er det fordi jeg er fuld

Livet i isolation:
Jeg venter på,
klokken slår tolv,
så jeg kan sove

Det værste er,

jeg kan stå inde for det,
jeg skriver
i fuldskab

Jeg kan igen konstatere,
jeg hader komma.
Nærmere specificeret startkomma.

En god måde at undgå forlegenhed,
er, at hyle den anden deltager i
samtalen ud af den.

Det er egentlig sjovt med
stjernekorrektur
Hvordan ved man,
det er ordet, den retter.

*[Når jeg i en ny besked på
Messenger, sætter "*" foran
ordet, jeg glemte, stavede
forkert eller (autokorrektur)
forvekslede med et andet].*

Fuldskab er et øjebliks ubehag,
efterfulgt af trangen
til mere alkohol

Nytåret er klokkeslættet,
jeg venter på at ramme,
mens jeg dulmer nerverne,
tolker promillen
og glædes ved fortiden

Nytåret er øjeblikket,
jeg ønsker tilintetgjort

Fuldskab er,
når jeg stadig kontrollerer
mine hæmninger

Min plan var egentlig
at drikke Verdi ved slaget 12,
men den flaske Morgan var nok

Med min beruselse,
har jeg vidnet en alkoholikers
tilbagefald,
uden at vide det

[Noget med en åbenbaring
om en af mine tvivlsomme
bekendte, og hvordan denne
udnyttede min venlighed i
forbindelse med sit tilbagefald].

Sidste år
onanerede jeg inden midnat,
i år laver jeg burgere

Det skulle have været tre
gringrædende smileyer,
men min motorik er imod mig

Mit mål inden årsskiftet
er at åbenbare en digtsamling

Jeg eftertjekker
hver en tankegang

Når jeg undervurderer mængden
af ketchup og mayonnaise
til min aftenfråder

Fuldskab i målets midte,
er fuldskabens erindring

Målet er fuldskabens midte

(Jeg er satme poetisk)
Jeg er så poetisk,
jeg ikke ser min mobil
løbe tør for strøm

Alle pointer nu,
har jeg glemt i morgen
eller ved næste øjeblik

*Jeg tæller irrationelle tal
og lyden af Chardonnay*

01.01.2018:

Formålet med nytårsaften, er,
at jeg er vågen,
til det værste
af fyrværkeriaffyringen
er tilpas overstået,
til jeg kan gå i seng
Formålet med nytåret, er,
at det skal komme

Hurra,
et år uden Fairview Display.
Nu til Times New Roman.
Et års mål erobret

Digtene, jeg skriver i fuldskab,
er digtene,
jeg ikke forstår/forstod,
ædru
Med det mener jeg,
jeg ikke kan forstå,
hvad jeg har ment i beruset
tilstand,
eller bare har ment

Mit kamera
fanger ikke alle lysglimt,
jeg ser med mit blik.

"Og?" er mit vers for 2018

Jeg garderer mig mod
brutalitetsstøj
og -glimt
i det nye år

Jeg er spændt på,
om mine vers giver mening
i det nye år

Jeg bruger *"vers"*
i dagligdags tale

Gad vide,
om mine tankeforstyrrelser,
er psykotisk opspind
af psykiatrien
"Psykotisk" har jeg tilføjet
for forståelsens
og glemslens skyld
- Jeg ved ikke,
om jeg husker min pointe
i morgen.

Med i morgen,
mener jeg efter søvn
efter fuldskab

Jeg har (discount) marcipanbrød
i stedet for kransekage,
men jeg spiser det ikke

Hvad jeg skriver i parentes,
mener jeg virkelig,
eller er bange for, jeg glemmer

Jeg hader, frygter komma
Virkelig.

Mine tvangstanker
er heldigvis ikke så slemme
i fuldskab

En smøg tager en evighed med
fuldskab

Jeg hader virkelig parentes

Jeg hader virkelig parentes,
intetheden,
forglemmelsen den repræsenterer

Jeg hader virkelig parentes,
forglemmelsen den repræsenterer

Jeg hader virkelig parentes,
intetheden den repræsenterer

Hvis jeg havde kørekort,
måtte jeg ikke køre bil,
om promillen var delt i to
personer

Hvad jeg mener, er:
Hvis jeg havde kørekort,
måtte jeg ikke køre bil,
om promillen var delt i to
personer

Jeg er bange for,
jeg glemmer i fuldskab
Jeg er bange for,
jeg glemmer i parentes
i fuldskab
Jeg er bange for,
hvad jeg sætter i parentes
i fuldskab
Jeg hader fuldskab

Fuldskaben er de vers,
jeg glemmer

Det er nyt år,
og det eneste, jeg har spist,
er for- og hovedret

Fuldskaben er de tvangstanker,
jeg har bedøvet,
men ikke glemt

Jeg hader at blive
konfronteret med parentes,
fortiden, dagen derpå

Når nytåret består af slavisk
nedskrivelse af vers

"Husk parentes",
siger moralen i mit liv

Kursiv er måden, jeg taler på,
"gåseøjne",
måden, jeg håner

Når jeg ikke kan huske,
hvad der irriterede mig
i det gamle år

Når jeg er for fuld til,
overhovedet at drikke cola

Jeg roder rundt i
præpositionskomma
og forholdsord

At bo højt oppe efter slaget tolv
nytårsaften,
er som fyrværkerieksplosionen
i Seest

Vi er i '18
og jeg har overlevet
endnu et år.

I morgen beder jeg mig huske
vers af uoprigtighed,
vers, jeg ønsker glemt

Det er det nye år
Det er anden time i det nye år,
og jeg har allerede nedfældet 3
A4

Det nye år er en mandag,
kronechakra

Jeg gad vide,
hvad det nye år bringer
af skrifttyper,
datospecifikationer,
-anførsler
og linjedelinger

De bedste, og mest vidende,
øjeblikke,
er hvad jeg har glemt i morgen

Jeg startede en ny æra i 2017,
men den begyndte først i 2018

"Husk ristede løg"
- mit memo for det nyeste år

Jeg trykker på mine "minder"
for tredje gang
og kan stadig ikke
huske meningen

Facebook er stadig min målestok

Jeg frygter
at gå i seng for versene.

Jeg er ret sød,
jeg står klamret til vinduet,
for ikke at blive ramt af rekyl.

Jeg forudser autokorrektur

*[Ok, også dette har været udsat
for korrektur]:*

Alle vers bærer præg af et navn,
genfærdet
Alle vers bærer præg af et kendt
navn,
det ubearbejdede genfærd
Hvert tiende vers bærer præg
af det kendte navn
[Navnet] Specificeret for
uvidende/udenforstående
*[da det er vigtigt for mig
at dokumentere,
at mine følelser er valide]*

*[Vedkommende har haft stor
betydning for mig i et
fantastisk, såvel som traumatisk
henseende, som den eneste
faderfigur i mit liv nogensinde,
hvor kontakten desværre forliste.
Relationen startede flyvende, og
som naturloven foreskriver;
faldt dybt.
Vedkommende er et anerkendt
individ.
Digtet er anonymiseret, dels da
jeg fortsat nærer stor respekt
for ham, og da det beskriver
frustrationen over forliset, og
skammen, når jeg føler mig, som
en klistret stræber, når jeg
italesætter det, selv om der er
gået nogle år, og nævner ham ved
navn].*

Budskaberne husker jeg ikke
efter øjeblikket de er nedfældet

Vi er ikke længere
end den første,
men min hukommelse
er mere end hundrede år

Rygsmerterne er konsekvensen,
jeg mærker i morgen

Glæden ved reklamesøjlen, er,
at papiret ryger til genbrug

Jeg hader stedord,
tidsord,
som *er*, *ved* og *til*

Promillen er smerterne,
jeg har glemt i morgen
Jeg hader komma

Jeg kan ikke huske gangene,
jeg har hadet komma

Formålet med i morgen er,
hvad jeg har glemt i dag

Jeg hader, hvordan mine digte,
er min lænke i fuldskaben

Hvor ville jeg dog ønske,
jeg fortrød,
hvad jeg skrev i fuldskab
Hvor ville jeg dog ønske,
jeg i morgen fortrød,
hvad jeg skrev
i dag

Mit smil er overdrevet
for de forlegne

Mit nytår går med
tvangshandlinger,
rastløs i uro

Mit nytår
er en promille uden lige
og en uforklarlig rift på næsen

Min nytårsnat er en konkurrence
med tvangshandlinger
Min nytårsnat er en konkurrence
mod tvangshandlinger,
og uden lige
Min nytårsnat er en konkurrence,
jeg glemmer
Min nytårsnat er en konkurrence,
jeg snart har glemt
Min nytårsnat er en konkurrence
mod vers,
i forsøget på at børste tænder
inden sengetid
Min nytårsnat er en konkurrence
mod vers og tvangshandlinger
i min stræben på søvn
og nedtonede tømmermænd
og computerens stand-by

Min nytårsaften
er et forsøg på at glemme,
Min nytårsnat
er et forsøg på at modstride vers
Min nytårsnat
er et forsøg på at omgå/undgå
vers
Min nytårsnat
er et forsøg på at huske
korrektur
dagen derpå

Min hverdag er som oftest
bestræbelsen på at tømme en
flaske Morgan,
og en Verdi
og Chardonnay

Min hverdag er som oftest
bestræbelsen på
at udregne intellektet
i morgen

Efter en flaske Morgan
frembringer jeg flere vers,
end hvad jeg kan rumme

Utroligt,
originalitet kan række så langt,
at noget kan være originalt
så længe

*[Forfatterens tanker om
ophavsret; at værker er beskyttet
50 år fotografers efter død og 70
år for (øvrige) kunstnere].*

Minder vedligeholdes af
påmindelser
og anstrengte forsøg på
at børste tænder inden sengetid

Når tvangstanker bedøves,
mener jeg det

En *alkolholindtager,*
er en alkoholiker
i påbegyndt brug

Når målet med sengetid,
er begrænsede mængder tømmermænd
og onani

Når jeg ved gryet
husker alle hæmninger

Når jeg fortrydende
påminder mig selv om,
vers er til at forglemme

Når jeg selvironisk
husker mit had
for begrebet *mig selv*

Vi er tre timer inde
i det nye år,
og jeg har udfyldt,
hvad der svarer til, 4,
måske 5,
A4-ark

Når de vers,
jeg husker at glemme,

er versene,
jeg har brug for i mit liv

Når jeg husker formålet,
jeg havde for en time siden

Mine nytårsforsæt er
Mine nytårsforsæt er mål
Mine nytårsforsæt
er urealistiske mål
Mine nytårsforsæt er idealer,
jeg ikke gider have
Mine nytårsforsæt,
er mål jeg ikke ønsker at have

Jeg har nu nået 4 måske 5 A4
i det nye år

Det gamle er glemt,
og i det nye,
er jeg allerede bange,
for at fejle

Batterier er påmindelsen
om bindet for øjnene,
jeg ikke har

Min kontaktliste er symbolet,
for sexlivet jeg ikke har
Mine sexfantasier er symbolet
for kontakterne,
jeg ikke har
Mine sexfantasier er symbolet
for mulighederne,
jeg ikke har
Mine sexfantasier er symbolet
for mulighederne

Mine tvangstanker
er påmindelsen om,
jeg ikke har opnået alt

Mit mål er at værne
mit udsyn imod batterier

Hvert nytår
er årsdagen for fyrværkeriulykken
i Seest

Hele aftenen og i to timer
har jeg haft sexfantasier
om sex,
jeg ikke har
før næste år

Når søvnen
er en mangel på lys og glimt
og brag
og manglende svar på Messenger
Når søvnen
er betinget af en mangel
på lys og glimt
og brag
og manglende svar på Messenger

Når søvnen er betinget af manglen
på tvangstanker
Når søvnen er betinget af en
mangel på tvangstanker
Når søvnen er betinget
af bestræbelse af mangel
af tvangstanker
Min bestræbelse er manglen
på tvangstanker,
og -handlinger.

Jeg bestræber mig
efter manglen på tvangstanker,
og -handlinger.

Når mine tvangstanker
dysses af udmattelse

Det er første dag i det nye år,
og jeg har allerede
skrevet en digtsamling

Søvnen er,
når jeg overtaler mig
til at slukke mobilen

Søvnen er,
når jeg overtaler mig
til at slukke mobilen,
eller bare lægge den fra mig

Mine digte er,
hvad jeg er bange for at slette
i morgen,
af frygt for
jeg virkelig har skrevet
noget meningsfuldt

Poesien er kvalerne i dette nu

Starter jeg året med
frustration,
kan det kun gå en vej:
Tvangstanke.

Trang, tvang til at nedfælde
Nedfælde

Nedfælde som en boldbane, bold,
boldspiller
Brændenælde som nældefeber,
men god i the
Te
The med h, engelsk for dét
X-faktor
Det enestående
Sort snak
Af tragikomik, selvironi
og overtræthed nøgen
Nøgen nedfældet, pointeret,
da jeg ikke husker det næste år,
i det nye år,
efter dette

Hvem der ikke husker mig
i højtiderne
er vennerne uden værd

Jeg bliver frustreret
af morgendagens parentes

Side A6, eller 12.
Side 6, eller 12
Seks A4 eller 12
Nytår.
Novelle.
En digtsamling på en dag

Mine nøgne skrig,
er min buste hævet af pågribelse

Mine vers af tvang
er så småt en pine

Nu.

Nu sker det.
Jeg lægger mobilen fra mig,
slukker den,
onanerer
og falder i søvn

Jeg går ind i det nye år nøgen

Det bedste ved det nye år, var,
at jeg vågnede dagen forinden
og troede, det var ovre

Uden værn af gardiner mod
lysglimt og brag

Dagen i det nye år lugter brændt

Jeg sover mig ind i det nye år

Det er utroligt så poetisk,
jeg kan være
uden at ville det.

Alle de vers,
hvis meningsløshed
irriterer mig nu,
rører mig dybt
med dybsindighed i morgen

Min døgnrytme er tvangstanker

Når jeg først ved,
hvad jeg mener i et andet forsøg

Proces
Udviklingsproces
Forsøg
Udvikling

Når klokkeslættet,
hvor jeg falder i søvn
er mere en forhandlingsproces

Et nytårsforsæt,
er en papirblok
ved sengen

Selverkendelse er jeg under alt

Når jeg selv ved beruselse tænker
rationelt
Skellet
Dualitet
Selvbeherskelse

Når jeg i det nye år
allerede anvender tre teknikker

Jeg vil være fri for mobilen,
fri,
fri for hardware og software, fri

Ved næste vers,
finder jeg en blok

Jeg har nået en rekord i digte
og oneliners

Når det første er oprigtigt,
men ikke det rigtige

Min seksuelle nydelse
er betinget af
en slukket telefon
og enten mere eller mindre
fuldskab

[Det er ondt].
Der er fuldmåne
på årets første dag,
årets første dag er en mandag.
Mandag er Kronechakraets dag.
Kronechakra.
Det, der repræsenterer
åndelig åbenhed.
Ikke ondt som i sort magi,
manglen på lys,
men overvældende.
[Det må helt sikkert betyde noget
flippet]!

Når jeg mærker efterdønninger,
inden jeg mærker hvile

Når alle mest egnede
enten er taget
eller ikke interesseret

Når jeg forsøger
at nedfælde mine tanker
famlende i mørket med en tampon
Når jeg forsøger
at nedfælde mine tanker
med en tampon i mørket
og muligvis en grøn farveblyant

ved blokbogstaver og formskrift,
famlende i mørket

Når alle vers er af "når"
Når alle vers er en
fremtidsudsigt,
et knust håb
og famlen i mørket

Når alle vers
er overdimensioneret gåde,
storyboardet er nærmere en
gyser,
når jeg må spå mit budskab

Inspiration er et
øjebliksbillede
Gengivelsen og erindringen,
et tillidsbånd, en tillidssag,
tillid

Når drømmen er udmattelse,
produktivitet har en pris

☒ *Under en times hvile fra omtrent klokken fire.*

… hh … Hej snus *[videreførelse af "snus" og "nut", red.]*
Jeg har behov for at få luft, for at ku´ få ro. Jeg oversætter til sidst.

Der er klamme detaljer undervejs.

Aftenen var hyggelig og maden blev god – efter midnat var ret uhyggelig, henset jeg bor i den højde, hvor fyrværkeriet sprænger.
Jeg kan konstatere, størstedelen af en festmiddag er overflødig med tre måltider, hvor man spiser to-tre portioner hver, plus snacks, det løse og sjusserne.
Det er omtrent en uges indtag hen over én aften. Og ta-daaa; jeg fik drukket en Morgan og omtrent en tredjedel Verdi.
Aftenen gik fra uhyggelig til ret tvangspræget, min OCD hyggede sig op til tømmermændene for alvor viste sig for ikke så længe siden. Jeg har ikke fået søvn. Og jeg frygter, jeg snart kaster op for tredje gang – det er en grel reaktion lidt a la *[da jeg drak to flasker]* Chardonnay *[*oprigtigt chokeret emoji*]* *[hurtigt efter hinanden oppe mod sengetid, eller da jeg fik strandvandsforgiftning, som jeg opdagede, er en ting]* – og i dette nu blot har et mindre

pitstop, inden kuldefølelsen, ørheden og det spontane lede ved alt, melder sig, sammen med andre påtrængende symptomer (som jeg dog skåner dig for – jeg er sikker på, du har været en god dreng og nu er med tømmermænd). Jeg er underligt klarsynet og har i sinde at revurdere mit alkoholforbrug, ikke jeg frygter, jeg er på vej mod misbrug, men det er blevet for meget en ´pligt´, en vane og en lappeløsning, hvor jeg er begyndt at skamme mig og forventer, alkoholen virker på en bestemt måde, herunder som en trøst, samtidig med jeg ved, min hjerne ikke funker optimalt den kommende dag – hvilket jeg hader – og hvor jeg vurderer, det er direkte uforsvarligt af mig at drikke, enten mængden eller typen (eks. rødvin, vodka, rom og cola) når jeg får en mere alvorlig reaktion, hvor jeg vitterligt frygter at blive kvalt i mit opkast. Det er bare for uværdigt på en måde.

Af det gode, har jeg været meeegakreativ! Fra i går t.o.m. i dag skrevet ca 14 sider rim. Ca 13 i dag/det nye år! 😃

Oversat: Jeg har haft en god, men også udfordrende aften, hvor jeg

har været megapoetisk, og jeg vil
have nogle forandringer i mit
liv, efter jeg har sovet.

Årh hvad. Den besked blev kortere
end forventet.

*(Er jeg usammenhængende
og/eller dramatisk, er det,
fordi jeg er overtræt
og yderst utilpas,
men bevarer min kunstneriske
integritet).*

Klokken er snart ti
og jeg har endnu ikke sovet
Jeg forsøgte at sove,
efter at have famlet vers
i mørket
med en hurtigt opbrugt *[tampon]*,
noget lys fra loftslampen
- stikkontakt ved døren -
og en rød kuglepen.
Jeg forsøgte at hvile,
men efter en time,
blev jeg urolig og frøs,
angsten blandet med angsten.
Det var flere slags angst,
nogle med overlap fra alkoholen;
angst af søvnunderskud,
ængstelig nedtrykthed,
angst af alkohol,
PTSD af fyrværkeri;
legemliggjorte flashback
af fyrværkerieksplosionen
[i Seest]
ved hver fyrværkeri
[-eksplosion],
værre med trykbølge,
så snart de kunne mærkes
Der sprang for næsen af mig
på niende sal,
med nyrenoveret altanparti
og et stort areal kun af glas,
angst som tømmermænd
(denne og den forinden
nok mest OCD)
og panikangst
som reaktion på
tømmermændssymptomer.

Jeg mærkede den velkendte
forgiftningsreaktion,
optakten,
manglende fornemmelse for alt,
spontan lede for det mindste,
døsigheden,
at jeg snart enten
skulle brække mig
eller skide,
men jeg ikke vidste hvilken
hvornår
og jeg måtte forhandle
med mig selv om,
om jeg helst ville rengøre
gulvet for bræk
eller diarre
Diarre blev af ukendte årsager,
men tidligere erfaringer,
valget
Og jeg enten spændte i numsen,
maven
eller bare hele kroppen,
for at tøjle mit ubehag
Og bad til,
jeg snart kunne slappe af
Dette af to gange,
med en times interval
af opkast i næse
og sågar øregange,
munden tilsølet af syre
og genbrugt rom, cola,
krydret mad og røg
Jeg kunne igen konstatere,
jeg ikke tygger maden godt nok
Ørhed, svimmelhed, tunge øjne,
tungere kæber,
frustrationen

og undren
over det manglende udslæt [*]
Panikangst, dødsangst,
frygten for at kaste op i hvile
- velsignet over,
min krop ikke kan
eller vil,
før den er tømt -
bekymringen for en,
den fremmede,
skulle lugte,
og efterfølgende finde,
mit lig,
ærgrelsen over de færreste ville
vide besked,
endnu mere ikke vide,
hvordan jeg ville finde fred
og meget i mit liv utalt,
uden ord,
uden gerning
Ikke endnu, bare rolig
Efterfølgende markeret
med rødligt,
så rødere udslæt
Endelig kom det
Tragikomisk, selvironisk
frustration
Efterfølgende flere timer
med forsøg på rehydrering,

Jeg er en slave af saltvand,
med søvnunderskud,
en dag på snart 24 timer,
nedtrykt ængstelse,
PTSD af fyrværkeri,
angst af alkohol og tømmermænd
Tankespind om,
rusen slet ikke var udviklingen
til pligt,
lappeløsning,
ønsket om ønsket, værd,
og om mit minimale forbrug
det seneste år,
har tjent sin pligt

[*Jeg får nældefeberudslæt ved
forgiftningsreaktioner med ophav
i omtrent femten genstande].

Når jeg gennemser
en Messengerchat
for vers
fra min kompulsive, højtidelige,
poetiske rus

Jeg er en slave af min mobil,
den er satan,
men stadig min hjælper

Klokken 10.42,
prøver jeg stadig at sove,
men jeg stirrer på min mobil
og forhandler,
hvornår jeg er rede
til ernæring

Jeg prøver
i al kvalme og efterve
at finde ro
med hårde vindstød,
et spinkelt gardin
og udsigt til torden,
og hertil store lysglimt,
som mit beroligende
baggrundsstøj, skjold
og tryghed i det nye år

☒ *Pause fra 11.22 til 15.50*

Baggrunden for alt dette i prosa

Jeg begyndte at drikke, fordi jeg
ønskede at være normal.
Jeg søgte de mest destruktive
normer,
det er jo Danmark.

Jeg gjorde en karriere ud af
gruppepres, søgte at fremstå
promiskuøs, søgte sexlivet,
rok og rul, rusmidler,
alt for at være normal.
Med dette en søgen på destruktive
rollemodeller, som jeg havde lært
det fra barn.
Jeg havde ingen fornemmelse for
mig selv, og fornemmelsen, jeg
havde, havde jeg ikke rum til,
eller var klar til at bruge.
I rusen, som ofte var fysisk
ubehag, kombineret dualistisk
bevidsthed og skuespil, gjorde
jeg så meget for at skade mig
selv og mit omdømme, som det var
mig muligt:
Jeg agerede mere promiskuøs,
end jeg var - fordi jeg var
stemplet som billig.
Jeg agerede åndløs - fordi jeg
blev set som dum, min begavelse
er et sted over det normale.

Jeg var forvirret, sørgmodig og frustreret; fordi jeg blev set som overfladisk og grim.

Oversat, var jeg i et ressourcesvagt, drukfikseret miljø, med vane for at bruge de mest tilgængelige skældsord i slyng.

I 2010 går det op for mig, at jeg startede grundet gruppepres, *eller jeg var klar til at indse det.* Jeg droppede det og miljøet dertil.

I 2016, indser jeg, min negative reaktion på alkohol, formentlig var på samme grundlag, som når jeg fik noia af at ryge pibe (hash); utryghed og utilpashed ved selskabet, og usikkerheden i mig.
Jeg opdagede dette ved at ryge sort nepal med en nær veninde, hvor jeg, mod det vanlige, følte mig høj.
December samme år, drikker jeg en sjus whisky, nytåret, en flaske brut, *og en Chardonnay,* og bekræftet af min mistanke; fem-seks bajere med min togbuddy, *en gut, jeg havde klikket med i toget,* i januar.
Jeg har efter det et forbrug på 0-14 genstande pr måned.
Jeg oplevede selvagtelse i, jeg nu kunne slippe skammen.

Som oftest har jeg drukket for at slippe kontrollen og få et øjebliks løsladelse fra tvangstankerne, som ellers følger mig hele dagen, alle dage, i alle afskygninger.

Efterhånden i 2017, drikker jeg alkohol, som en pligt, når jeg mangler afmagt og/eller kontrol, ofte kombinationen.
Jeg har angst for både afmagt og for meget kontrol, særskilt, har jeg nogle gange bare brug for at slippe kontrollen, andre gange have/tage den, red.
Især de sidste par gange op til **Nytåret**, har jeg mistet lysten til at drikke.

Det er samme selvskadende adfærd, som når jeg brænder penge af på ligegyldige ting for at fortryde, jeg har gjort det, når jeg overspiser eller sulter, når jeg står, går og sidder forkert, for at belaste mine hypermobile led, når jeg forkæler mig selv ved at købe/spise chokolade, råvarer eller ting, jeg hader, for at fortryde det.

Jeg sad i går, selv, til en højtidelighed, traditionelt giver jeg ikke meget for højtider, og tid er subjektivt.
Eller kan være det.

Dagen startede godt, jeg var rolig og tilfreds med, aftenen var gået godt, og jeg åbenbart havde haft brug for et par dages søvn, siden jeg ikke var vågnet, og det allerede var den første. Efterfulgt af realitetstjekket, da jeg slog øjnene op. Ensomheden og kynismen overvældede, jeg øvede diverse svar på spørgsmålene, jeg inden længe bliver mødt med, men hvor jeg ved mine øjnes pludselige mørke afslører alt.

Pludseligt oplevede jeg overskud, og jeg kunne gå i gang med maden cirka klokken 16.00. Jeg startede med dippen, der skulle trække. Jeg besluttede mig for, jeg ville gøre hovedretten; indbagt tofu med brie, trøffel og persillepestomarineret grønt - mange tak; til forretten, mens jeg holdt mine stadig intakte smagsløg, oppe mod alkoholen, og alt den colas effekt, senere, og heraf det formodede, overdrevne behov for junkfood.
Jeg tænkte, det var tid til rom og cola.
Jeg skriblede undervejs.
Jeg skriblede mere og mere.
Tiltagende bevidst om advarselssignalerne. Herunder min nonchalante tilgang til en

ufærdig dej, som jeg undskyldte
med; at jeg er jyde.
Fordi rå, men varm, dej er, hvad
vi jyder lever, og ikke bukker os
i støvet, for!
Jeg tilbageholdt mine normale
udbrud: Jeg skåner helst mine
betroede venner i højtiderne,
selvom jeg ved, de ikke dømmer
(eksempelvis generaliserer de
ikke mine beskeder, som jeg)
indtil jeg med stærkt søvn- og
energiunderskud, flere lag angst,
herunder jeg hyperventilerede,
hvad er mildt ubehageligt med
store klumper mad halvt i halsen,
der allerede er irriteret,
oplevede endnu en overvældende,
nærtstående opkastning.

Jeg overvejede, hvem jeg skulle
undskylde til og få tilbage i mit
liv; jeg gennemgik dem og kom
frem til, jeg ikke ville kunne
udstå det, da der er en grund
til, kontakten måtte brydes. Jeg
blev konstant lammet af tanker,
om hvor nederen jeg er, og
hvordan jeg har taget skadet af
flere års isolation, og svigt, og
med dette, nærer mistillid og er
socialt kejtet.

Tilbage til tvangstankerne:

Jeg bad til,
mine følelser var nær
mit koncept,

jeg ville bringe begivenhed,
fald, begivenhed derpå
og morale,
men dette er livet,
i virkelighed

Jeg er
uden for programmerings
rækkevidde,
dog forudseende
i fald af improviseret Cuba
Libre

Hurra,
jeg kan sætte hurtigt mig op
uden at være på gyngende grund

Jeg oplever mistillid
ved mit koncept,
mine fejl og ord,
jeg våger over uønskede,
gemte politiske agendaer
i mig selv,
af mindreværd og ynkeligheden,
eftersmækket af
improviseret Cuba Libre
og i bagklogskab;
tilpasse mængder mad,
men alt for lidt vand
tvangstanker,
som jeg kender dem bedst,
Jeg har et koncept,

mit første,
af i hvert fald tolv timer,
i maraton af inspiration
med aftenens aktiviteter
som svigtet tilskuer,
et barns grå hundeøjne,
slæbt,
så forælderen
kan vidne sin yndlingsaktivitet,
gerne med venner,
i en højlydt aura
og uforstående grin,
og bemærkninger
upassende for selskabet,
barnet som helhed
og barnets grå øjne,
hvor jeg nu er overvældet
og en smule forvirret,
ikke kun grundet folkesygdom
af ethanol,
men fordi det at forfatte
satme er intenst!

Mit askebæger og mine vinduer
står stadig efter blæsten!
Tag den, vejrforhold!

Husk, at når en person kommer med
et skældsord i slyng, er der
større sandsynlighed for,
personen udbryder en
selvbiografi, end faktisk, den
fortæller dig sin mening, om dig.

☒ *Og klokken 18.09,*
havde hun spist sit første måltid
og kunne nu fantasere om mad,
endda google opskrifter,
med måde.

Jeg har skrevet en
konceptsamling
hen over to datoer
Når jeg rationaliserer angst
og tømmermænd
med månesyge

Jeg er træt af det sexfikserede
'tømmermænd',
tømrer er frække, samme på mænd,
men jeg har tømmermænd
som følge af for meget alkohol,
indtaget med tilpas mængde mad,
men for lidt vand,
og jeg synes bare ikke,
mænd skal tilegnes ansvaret for
min tilstand
med kønsdiskriminations ironi.

Jeg beundrer mit engagement,
for i ængstelig, porøs tilstand
med stadig madlede
og mængder kvalme,
at dedikere min energi,
dette døgn,
årets første dag,
til at skrive denne samling

Højtiderne jeg snart har
opgivet,
isoleret,
ensom
og alene
Jeg har opgivet at finde
aftaler,
dels af manglende interesse,

dels da jeg finder,
jeg er dårligt selskab,
Blandt andet grundet følgerne
af snart otte års isolation,
faktisk elleve.
Jeg ved, jeg har brug for mere
Jeg kan mærke behovet for
stimulans

Når mine tømmermænd
hæmmes af behovet for at skrive
en digtsamling

Når jeg nedprioriterer
mine tømmermænd
til fordel for en konceptsamling

Nytåret er en dag
som alle andre,
men hvor jeg har en undskyldning
for at lave et overdådigt måltid

Jeg dedikerer denne digtsamling
til dig
og kun dig,
lige nu, lige her.
Dig.

I går og i nat
dedikerede jeg
til samtaler over Messenger,
til hvem af mine nære,
der var vågen,
for at jeg kunne evne mig selv

Nytårstaler er underlige,

behovet for taksigelse
malplaceret,
når takken gives i løbet af året
Jeg beviser for jer,
jeg mener det,
når jeg siger tak
På sociale medier,
med tags,
i offentligt opslag,
afhængig af
hvor mange profiler, jeg har
Dem, jeg nævner,
underminerer taksigelsen,
jeg har givet i løbet af året
nævner jeg ikke dig,
er det, fordi det ikke var reelt
Det er *[ikke]* mig, det er dig
Det er vigtigt,
jeg enten fokuserer
på alt det gode,
eller alt det dårlige,
uanset hvad
skal I udsættes for det,
for mig,
på Facebook
Jeg beviser overfor dig,
overfor alle,
egentlig kun for mig selv,
jeg mener det,
når jeg takker dig
for året, der gik,
uden for det private rum,
i min digtsamling
... jeg mener på Facebook

Nytåret,
højtiden
hvor vi venter på
klokken slår tolv

Til retro-mig:
Gør alt, hvad du vil,
men gør intet,
så længe du føler dig presset

Om lidt er det forbudt at fyre af!

Hvad fanden laver jeg egentlig:

Jeg begyndte at drikke,
fordi jeg ønskede at være normal
Jeg søgte de mest destruktive
normer
Jeg gjorde en karriere
ud af gruppepres,
eller min opfattelse af normalen
søgte promiskuitet,
rok og rul,
rusmidler,
alt for at være normal,
med mit manglende selvværd
og min tvangsprægede adfærd,
I rusen, som ofte var fysisk
ubehag
og skuespil,
jeg søgte at skade mig selv
og mit omdømme,
som det var mig muligt,
mine karakterer,
aftenens forestilling,
en legemliggørelse
af folks fordomme,
slutningen var ofte,
jeg kastede op,
gik kold,
ofte desperat
efter sex,
da det var mit værd
jeg var forvirret,
sørgmodig og frustreret,
fordi jeg blev set som
overfladisk og grim.
Oversat,
var jeg i et ressourcesvagt,

drukfikseret miljø,
med vane for at bruge
de mest tilgængelige skældsord
i slyng

Jeg stoppede med at drikke
i 2010,
da jeg indså,
hvad jeg havde gang i
Jeg indså min reaktion på
alkohol
og manglende rus,
var lig, jeg blev noia,
da jeg røg pibe,
jeg følte mig utryg,
i selskabet, som ved mig selv

Jeg begynder igen
fra nytåret til '17
Ditto da jeg slap afsted med
at drikke to flasker vin,
kontra mit ry
for at være svagdrikker
Jeg gør det,
når jeg har brug for at slippe
kontrollen,
og da jeg bliver løsladt fra
tvangstanker
I løbet af sytten,
udvikler det sig til en pligt,
samme som når jeg mangler afmagt
og/eller kontrol,
ofte kombinationen,
når jeg ikke rigtig har lyst,
det er det samme,
som når jeg brænder penge af
på ligegyldige ting

\- ofte for at finansiere min
spiseforstyrrelse, hvilken kan
være omkostningsfuld -
for at fortryde,
jeg har gjort det,
når jeg overspiser,
når jeg sulter,
når jeg sidder, står, går,
bevæger mig forkert,
for at belaste led,
som til slut,
faktisk
fra mellem den ottende og
ellevte
i måneden,
bliver selvforstærkende,
Når jeg spiser mælkechokolade,
spinat,
meget kød
eller andet afførende,
for at mærke smerten,
for at fortryde det,
Eller bare når jeg spiser
chokolade,
drikker multifrugtjuice,
bager kage eller laver god mad
Når jeg mærker smerten, ensomhed
og isolationen,
når jeg overvejer,
hvem jeg skal undskylde til
og få tilbage i mit liv
Jeg gennemgik dem
og kom frem til,
jeg ikke ville kunne udstå det,
og der er en grund til,
kontakten måtte brydes,
om det var af dem, eller af jeg

Når jeg bliver lammet,
eller lammer mig selv,
med tanker om, hvor nederen jeg
er,
og hvordan jeg har taget skade
af flere års isolation, og
svigt,
og med dette er småparanoid
og svært socialt kejtet
Selvom det er sandheden

For at mærke,
eller jeg mærker,
smerten,
mærke rusen, mærke mig selv
og/eller bekræfte ondt
Så hvad fanden laver jeg
egentlig?

Jeg ved, jeg må forandres,
og jeg er gået ind i **Nytåret**

Bagord

Jeg sad ikke foran en vintage skrivemaskine
ved et vindue på en stol ved et lille bord i det
sælsomme lys af en ny nuance af bordeaux.
Jeg sad og/eller liggesad hovedsageligt i min
chaiselong cirka tre meter fra mit
nyrenoverede vinduesparti, der går fra loft til
gulv med min mobil mentalt naglet fast til
hånden, mens jeg åbnede telefonen med
Touch ID og gik ind på Docs med et tryk,
senere mere liggende end siddende, i min
dobbeltseng.

Jeg opdagede, jeg havde fat i *noget*, og det
noget kunne udgives. Udfordringen blev dog,
jeg havde værket, inden jeg havde konceptet,
kontra *Sjælestorm* - en biografisk digtsamling
- min udgivelse fra 2017, og jeg måtte finde
en måde at sælge det på.
Jeg måtte se på, hvad jeg havde, eller rettere,
hvad jeg kunne påstå, jeg havde.

Jeg fandt salgsværdien i, det skrevne er
faktiske tvangstanker - og -handlinger -
faktiske tvangstanker over faktiske syvogtyve
timer, og det, jeg, af overbevisning, miljø og
nedtur, holder højtid uden for tradition, er et
stærkt koncept, så jeg besluttede, jeg *skulle*
nedfælde *alt* til og med den 01.01.2018,
23.59, ikke et sekund længere, og ikke et ord

mere efter det. Redigeringen efter dette, måtte max være retning af stavefejl og sletning af tekst.

Jeg skulle have *Nytåret* ud, mens det stadig var relevant. Det kom det ikke. Tvangstankerne kom i eget dokument, og det er heraf, baggrunden for alt dette, kommer ind som knækprosa. Jeg fulgte op på råteksten i min digtsamling/dagbog, som siden erstattede en stor del af det "finpudsede" i den første udgave.

Jeg sendte *Nytåret* afsted til et forlag, som ellers havde lukket for manuskriptindsendelse, vakte til al held forlæggerens nysgerrighed og blev tilbudt at få udgivet *Nytåret* … mod jeg kogte samlingen ned til tre A4-sider, så det kunne komme med i et blad.
Jeg takkede ja, efter at have forhørt mig om det, da det kunne give omtale, samt løsrive mig fra udgivelsen ved mellemgaard, hvilket er en historie for sig selv.
Forlaget viste sig desværre useriøst. Aftalen var kontraktløs, og forlaget lod en prosavant (hun kunne ikke forstå poesi) forlagsassistent og ikke en erfaren person med forståelse for genren, være den ansvarlige for udgivelsen, herunder feedback.
Efter jeg havde fået afklaret rettigheder og spurgt ind til eventuelle restriktioner for nedkogningen - hvilke der ikke var -

oplevede jeg, forlaget ville forskønne mine tvangstanker, og det endte i en skolegårdslig situation, med flere konflikter, hvor aftalen efter et par måneder blev brudt, "fordi de havde modtaget meget materiale og valgt ikke at tage "mit bidrag" til bladet", *jeg ikke kendte forinden*. Jeg sendte **Nytåret** videre til en håndfuld, som alle gav afslag.

Jeg nåede et punkt i foråret 2019, som min Facebookside også beretter, hvor jeg indså, jeg havde brug for et afbræk fra en forlagsudgivelse med redaktør, grafiker(e), PR-ansvarlig(e), pressemeddelelser, generelt omtaleplageri, kontraktforpligtigelser, med videre, der render mig i hælene, men jeg samtidigt må, og kan, skabe trafik omkring mig. Jeg besluttede at udgive **Nytåret** som en ebog i Apple Books. Min rygrad tog over; min stolthed bæres af, jeg i en udgivelse leverer en egentlig udgivelse, fremfor et offentliggjort dokument på sociale medier, og jeg lagde større vægt på renskrivning, detaljerne og ikke mindst linjedelingerne i en ebog inspireret af at være på allerlaveste budget.

Noget tid efter, fik jeg sparket til at forsøge med endnu et forlag. Efter mange måneder, og en coronapandemi, fik jeg et afslag.

Jeg indså atter, **Nytåret** er øjeblikket, der er der, og er der uden grund, og jeg genoplivede min flamme for at kunne fortælle det i papir.

Året 2018, blev et år for forandring,
jeg slap grebet om pligten
og ændrede historien, jeg fortæller mig,
til en sundere fortælling.

Skål

På de følgende sider, kan du tilføje dine
noter, hvis du har lyst.